Mitología Centroamericana

Mitos fascinantes sobre dioses, diosas y criaturas legendarias del México antiguo y de Centroamérica

© Copyright 2020

Todos los derechos reservados. Ninguna parte de este libro puede ser reproducida de ninguna forma sin el permiso escrito del autor. Los revisores pueden citar breves pasajes en las reseñas.

Descargo de responsabilidad: Ninguna parte de esta publicación puede ser reproducida o transmitida de ninguna forma o por ningún medio, mecánico o electrónico, incluyendo fotocopias o grabaciones, o por ningún sistema de almacenamiento y recuperación de información, o transmitida por correo electrónico sin permiso escrito del editor.

Si bien se ha hecho todo lo posible por verificar la información proporcionada en esta publicación, ni el autor ni el editor asumen responsabilidad alguna por los errores, omisiones o interpretaciones contrarias al tema aquí tratado.

Este libro es solo para fines de entretenimiento. Las opiniones expresadas son únicamente las del autor y no deben tomarse como instrucciones u órdenes de expertos. El lector es responsable de sus propias acciones.

La adhesión a todas las leyes y regulaciones aplicables, incluyendo las leyes internacionales, federales, estatales y locales que rigen la concesión de licencias profesionales, las prácticas comerciales, la publicidad y todos los demás aspectos de la realización de negocios en los EE. UU., Canadá, Reino Unido o cualquier otra jurisdicción es responsabilidad exclusiva del comprador o del lector.

Ni el autor ni el editor asumen responsabilidad alguna en nombre del comprador o lector de estos materiales. Cualquier desaire percibido de cualquier individuo u organización es puramente involuntario.

Índice

INTRODUCCIÓN 1
OLOCUPINELE CREA EL MUNDO (DULE/CUNA, PANAMÁ) 4
WATAKAME' Y LA GRAN INUNDACIÓN (WIXÁRITARI/HUICHOLES, MÉXICO) 7
YOMUMULI Y EL ÁRBOL PARLANTE (YOREME/ YAQUIS, MÉXICO) ...12
CÓMO SE CREÓ EL MAR (CABÉCARES, COSTA RICA) 15
EL PAÍS DE LA MADRE ESCORPIÓN (MISQUITOS, NICARAGUA) 18
LA INFANCIA DE SOL Y LUNA (QNE-A TNYA-E/ CHATINOS, MÉXICO) 23
LOS CAZADORES INVISIBLES (MISQUITOS, NICARAGUA) 30
EL REY DE LOS PECARÍES *(BRIBRIS, COSTA RICA)* 38

Introducción

México y los estados centroamericanos son el hogar de numerosos pueblos indígenas, cada uno de los cuales habla su propia lengua y vive según sus propias costumbres. Estos pueblos tan diversos tienen una rica tradición en el arte de contar cuentos y de transmitir a sus descendientes mitos sobre dioses y el trabajo de la creación, y sobre los humanos que, para bien o para mal, interactuaron con estos seres de otros mundos. El amoroso dios Olocupinele creó el mundo de los cuna de Panamá, mientras que la diosa Nakawe' destruyó y volvió a construir el mundo de los huicholes de México. En la historia de "El país de la Madre Escorpión" de los misquitos de Nicaragua, nos damos cuenta de que ni siquiera la diosa de la tierra de los muertos puede romper el vínculo de amor entre un marido y una esposa.

Los estafadores también aparecen en muchos cuentos relatados por pueblos indígenas. Aunque los estafadores a veces puedan causar daño, en las dos historias sobre embaucadores que se presentan aquí, los timadores usan sus malas artes para ayudar a los demás. El oposum robó el fuego y se lo dio a la gente en una historia mazateca de México, mientras que el Tío Conejo salva a su amigo el Toro de ser devorado por el Tigre en una historia de Nicaragua.

El paisaje y la geografía desempeñan funciones vitales en estas historias, ya que las ideas sobre cómo surgió el mundo toman forma de acuerdo con el lugar en el que vive la gente. Así, las figuras oceánicas son muy prominentes en los relatos sobre la creación de los cuna de Panamá y de los cabécar de Costa Rica, mientras que la vida en un ambiente desértico determina la historia de "Yomumuli y el Árbol Parlante" del pueblo yaqui, los cuales habitan en el noroeste de México y en el suroeste de los Estados Unidos.

Una función importante de las historias de cualquier cultura es la de explicar el origen de ciertas costumbres, reforzar el comportamiento adecuado y desalentar las malas acciones. Vemos esto en muchas de las historias que se cuentan aquí. En el cuento misquito "Los cazadores invisibles", tres hermanos aprenden una dura lección sobre cumplir promesas y sobre los inconvenientes de la avaricia, mientras que "El Rey de los Pecaríes" de los bribris de Costa Rica, nos brinda información sobre prácticas de caza éticas. El origen de la tradición chatina de los padres que llevan a sus recién nacidos a baños de calor para recibir las bendiciones de su anciana abuela se explica en el mito de "La infancia de Sol y Luna", y en "Cómo se Creó el Mar", tenemos una explicación concisa sobre las costumbres funerarias del pueblo cabécar de Costa Rica.

Las historias que se presentan en este volumen son una pequeña muestra de la abundante variedad de mitos y leyendas de México y Centroamérica. Sin embargo, nos ofrecen importantes perspectivas de las maneras en que los pueblos de esta parte del mundo se ven a sí mismos, como humanos que tratan de entender su lugar en un universo más grande que contiene tanto seres visibles como invisibles, y como gente que hace las cosas lo mejor que puede para llevar vidas éticas que respeten a otros seres humanos como ellos y a otras criaturas que viven junto a ellos.

Nota sobre los nombres tribales: Los nombres de cada tribu y del país donde viven aparecen junto al título de cada historia siempre que lo conocemos. Dado que los nombres empleados por los forasteros suelen ser diferentes de los que los miembros de cada tribu emplean para referirse a sí mismos, proporcionamos en primer lugar el nombre que usa cada pueblo, y a su lado, el más utilizado por la gente de fuera de estas culturas. Ambos aparecen siguiendo el formato "nombre que el pueblo se da a sí mismo/nombre atribuido, país". Por ejemplo, los huicholes de México se refieren a sí mismo como *wixáritari*, por lo que su atribución sería "wixáritari/huicholes, México".

Olocupinele Crea el Mundo (dule/cuna, Panamá)

El pueblo cuna vive en ciertas partes del istmo de Panamá, y algunas de sus comunidades se extienden hacia el sur en lo que hoy en día es Colombia. Su deidad principal se conoce con el nombre de Olocupinele, el cual creó el mundo y todo lo que hay en él. Una característica sorprendente de este mito es el énfasis que pone en que el amor fue la razón por la que Olocupinele realizó su acto de creación.

Olocupinele fue quien creó el mundo. Creó la Tierra, las aguas, el cielo. Creó una tierra que se halla entre dos océanos. Le dio a la tierra valles y colinas, y plantó sobre la tierra muchos árboles y hierbas y plantas que son buenas para comer. Sobre la tierra, Olocupinele colocó animales para que vivieran en ella. En las aguas, colocó peces. En los cielos, colocó pájaros. Olocupinele creó las nubes para que produjeran lluvia. Hizo estanques frescos llenos de agua y cascadas y ríos que transportaban el agua hacia el mar a través de la tierra. Y todo lo que Olocupinele creó, lo hizo a partir del amor. Toda la creación surgió de un sueño de Olocupinele, un sueño de amor.

Olocupinele también quería crear humanos, seres como él. Quería que los humanos tuvieran un lugar bueno para vivir. Olocupinele colocó toda clase de cosas bellas en el mundo que creó: gemas y metales preciosos, especias para dar sabor a la comida, tintes para crear telas coloridas. Él creó todo esto y mucho más para que los humanos tuvieran cosas buenas cuando llegaran, ya que Olocupinele amaba el mundo que creó, y amaba a todos sus hijos.

Olocupinele no creó a los humanos hasta que todo esto estuvo listo. No hasta que las montañas y los valles estuvieron verdes y llenos de árboles y plantas. No hasta que los pájaros y las bestias y los peces hubieron prosperado en sus hogares. Olocupinele no creó a los humanos hasta que todas las cosas hermosas y útiles estuvieron colocadas en sus sitios, y a estos humanos los llamó los cuna.

Los cuna estaban hechos a imagen y semejanza de Olocupinele. Creó hombres y mujeres, hermosos, altos y fuertes. Le dio a cada uno un don especial. Uno tenía talento para la caza. Otra era la mejor fabricante de ropa. Otro era el mejor cantante. Otra era la mejor bailarina. Cada uno de ellos tenía un don especial que podía compartir con los demás.

Cuando los hermosos hombres y mujeres del pueblo cuna estuvieron creados y cada uno tuvo sus dones, Olocupinele los colocó en la Tierra. Los cuna abrieron los ojos y se encontraron en un jardín colorido. Había muchos árboles hermosos, y los pájaros cantaban sus melodías. Había muchos olores deliciosos a tierra, lluvia y flores. Sin embargo, los cuna nunca habían visto u oído u olido nada de esto antes, y estaban asustados. El Sol era demasiado brillante. El mundo era demasiado verde. Los pájaros hacían demasiado ruido. La gente se escondió en las sombras.

Olocupinele miró a sus pobres cuna, los cuales no sabían vivir en el hermoso mundo que había creado para ellos, un mundo hecho desde el amor. Entonces decidió hacer un hombre cuna más, al que llamó Piler. Olocupinele le dio a Piler toda clase de conocimientos. Olocupinele mandó a Piler con los demás cuna, a los lugares donde estos se escondían del Sol y del brillo del mundo.

Piler se acercó a los cuna. Se quedó parado bajo el Sol y se rió con deleite.

—¡Miren! —dijo. —¡Miren todas las cosas buenas que Olocupinele creó para nosotros! No tengan miedo. Este mundo es nuestro hogar. Acá hay muchas cosas buenas que nos dio Olocupinele, y yo les enseñaré cómo deben vivir. Debemos cuidar la Tierra en todo momento. Debemos cuidarnos los unos a los otros en todo momento. La Tierra está para que nosotros vivamos en ella y la cuidemos. Nuestro Padre Olocupinele dice que eso es lo que debemos hacer.

Y así fue como los cuna comenzaron a vivir en el lugar que Olocupinele había hecho para ellos, la tierra entre los dos océanos, en una Tierra creada a partir de un sueño de amor.

Watakame' y la Gran Inundación (Wixáritari/huicholes, México)

El pueblo huichol del centro-oeste de México es conocido por sus vibrantes cuadros de hilos que describen mitos y otras historias y conceptos que son importantes y sagrados para ellos. Como muchas culturas de todo el mundo, los huicholes tienen un mito sobre la inundación en la que todo queda destruido y se reconstruye de nuevo.

Había una vez un pobre granjero llamado Watakame'. Un día, se dirigió a sus campos para trabajar en ellos. Tenía que retirar los árboles y arbustos de un campo para poder plantar nuevas cosechas. Watakame' tomó su machete afilado y taló los árboles, derribándolos. Cortó los arbustos, haciéndolos caer. Se trataba de un trabajo muy duro, y al final del día, estaba muy cansado. Watakame' volvió a su casa, comió rápidamente y se metió en la cama a dormir.

A la mañana siguiente, Watakame' se fue a talar más árboles en el campo que estaba despejando. Cuando llegó al campo, no podía dar crédito a lo que veía: cada árbol y arbusto que había talado el día anterior había vuelto a su sitio, como si nada hubiera pasado. Esto sucedió durante cinco días. Watakame' despejaba una parte del campo, y a la mañana siguiente, todo volvía a estar como al principio.

—Esto no puede seguir así —dijo Watakame' —Si no puedo despejar ese campo, no podré plantar, y si no puedo plantar, no tendré cosecha y me moriré de hambre. Debo averiguar quién me está haciendo esto.

A la mañana siguiente, Watakame' se fue al campo como siempre, pero en vez de volver a casa al final del día, se escondió para esperar a quien quiera o lo que fuera que estaba deshaciendo su duro trabajo. Muy pronto, una anciana apareció en mitad del campo. La anciana llevaba consigo un largo bastón. Allá donde apuntaba con su bastón, todos los árboles y arbustos se replantaban a sí mismos y volvían a la vida.

Watakame' salió de un salto del lugar donde se escondía.

—¡Ajá! —gritó. —Usted es la que se dedica a deshacer mi trabajo. ¿Por qué hace eso? ¿No entiende que me moriré de hambre si no puedo plantar mis cultivos?

—Oh, hay cosas mucho peores que morirse de hambre —dijo la anciana. —Soy Nakawe', la diosa de la lluvia. He venido para decirte que el mundo se va a acabar pronto. Se viene una gran inundación que cubrirá la Tierra entera, y ya no importará si este campo está despejado o no. El Sol ha decidido que la gente de la Tierra es demasiado malvada, y quiere matarlos a todos y empezar de nuevo. Sin embargo, he decidido que te salvaré a ti y a los animales, y que yo misma me encargaré de llevar a cabo la destrucción del mundo.

—Dígame qué debo hacer, Madre —dijo Watakame' —No me quiero ahogar.

—¿Sabes del lugar donde crece la gran higuera?

—Sí —dijo Watakame'. —lo conozco bien.

—Tala la higuera y úsala para fabricar una gran caja —dijo Nakawe'. —Debes meterte dentro de la caja. Lleva contigo semillas de maíz de todos los colores y frijoles de todos los colores. Lleva semillas de zapallo y tu fiel perro negro. Haz una hoguera en tu caja y mantenla ardiendo con tallos de zapallo. Todo esto debe estar listo en cinco días.

Watakame' hizo todo lo que la diosa le indicó. Taló la higuera e hizo con ella una gran caja. Recogió las semillas y los talls y un brasero para colocar allí el fuego. Al llegar el quinto día, colocó todo esto en la caja y se trepó dentro con su perro. Nakawe' apareció y le colocó una tapa a la caja. Selló todas las juntas para cerrarla. Acto seguido, Nakawe' llamó a su guacamaya. La diosa se sentó sobre la caja con la guacamaya en el hombro.

Cuando todo estuvo listo, el viento comenzó a soplar. El viento aulló por entre los árboles. Rugió mientras atravesaba los valles. Sacudió las cimas de las montañas. Allá donde el viento aullaba, la gente se convertía en animals. Se asustaron y comenzaron a pelear y a matarse los unos a los otros. Al poco tiempo, toda la gente malvada acabó muerta, y fue entonces cuando el mar comenzó a subir. Subió alto, alto, alto, cubriendo la tierra, llenando los valles, sumergiendo las colinas y tapando hasta las montañas más altas. Watakame' se sentó cómodamente en el interior de su caja con su perro, manteniendo el fuego encendido tal y como la diosa le había dicho.

La caja atravesó flotando las aguas de la inundación. Se dirigió hacia el este. Se dirigió hacia el oeste. Se dirigió hacia el norte. Se dirigió hacia el sur. La caja llegó tan lejos como pudo en cada una de las direcciones, midiendo la anchura de la Tierra. Le tomó cuatro años a la caja viajar por toda la Tierra. Al quinto año, se alzó de entre las aguas que crecían sin parar, y descendió allá donde el agua comenzaba a retroceder. Al final, la caja se detuvo en la cima de una montaña. Watakame' retiró la tapa de la caja. Vio que toda la Tierra estaba cubierta de agua salvo la cima donde él se encontraba. Pero esto no duró mucho. Las guacamayas y los loros volaban por todas partes, cavando valles nuevos y canales nuevos para que el agua fluyera hacia ellos y el mar retornara a su legítimo lugar, y que así la Tierra se secara.

Cuando todo estuvo listo, Nakawe' le dijo a Watakame' que podía salir de su caja de madera de higuera.

—Usa las semillas que trajiste contigo para cultivar la tierra — le dijo. —Cuando vuelvas a casa de trabajar, te encontrarás tortillas preparadas para ti. Me tengo que marchar, pues yo también tengo trabajo que hacer, y en cinco días, todo estará listo.

Watakame' actuó como Nakawe' le dijo que hiciera. Aró la tierra y plantó las semillas que había traído consigo. Encontró una cueva para vivir con su perrito. Cuando volvía a casa de los campos a cada anochecer, se encontraba tortillas preparadas para él. Esto era extraño. Sabía que Nakawe' estaba en otro lugar atendiendo a sus ocupaciones, así que, ¿quién podía haberle preparado esta deliciosa comida?

En cinco días todo estuvo listo, tal y como Nakawe' le había prometido. La Tierra estaba llena de plantas nuevas y de animales. Los árboles estaban llenos de aves nuevas. Se había creado un mundo completamente nuevo. Todo era bueno y nuevo y maravilloso, excepto por una cosa: no había más personas aparte de Watakame', y se sentía solo.

Al sexto día, Nakawe' le hizo una visita a Watakame'.

—Gracias por volver a hacer el mundo con tanta belleza —le dijo Watakame' —Este es un buen lugar para vivir. El suelo es fácil de arar. Las plantas están creciendo rápido y bien. Las aves cantan en los árboles. Y yo tengo de sobra para comer, pero no entiendo de donde sale la comida. ¿Hay alguien más aquí conmigo? Me gustaría saberlo, ya que extraño a mi familia y a mis amigos, y me vendría bien tener algo de compañía.

Esto es lo que había estado sucediendo: cuando Watakame' se fue a trabajar a los campos, Nakawe' entró en la cueva. Nakawe' le enseñó al perro a transformarse en una mujer. Acto seguido, Nakawe' le enseñó a cocinar y a realizar otros trabajos que debían hacerse. Y al anochecer, cuando todo estaba listo y Watakame' se encaminaba de vuelta a casa, la mujer se transformaba de nuevo en un perro.

Cuando Watakame' le dijo a Nakawe' que quería saber de dónde salían las tortillas y que se sentía solo, Nakawe' le contestó:

—Mañana por la mañana, en vez de irte a trabajar a los campos, escóndete en algún rincón de la cueva. Observa lo que sucede. Entonces sabrás lo que debes hacer.

Watakame' hizo lo que Nakawe' le dijo. Fingió irse a trabajar al campo, pero en vez de ello, se escondió en la cueva. Mientras observaba, vio que el perrito salía de su cama, situada en un lado de la cueva. Se liberó de su piel de perro y se convirtió en una mujer. La mujer encendió el fuego y comenzó a preparar la comida.

Watakame' salió de un salto de su escondite. Se apropió de la piel de perro y la lanzó al fuego. La mujer gritaba adolorida, como si fuera ella la que se estuviera quemando. Sus gritos parecían los de un perro. Entonces, Watakame' tomó la masa de hacer tortillas que la mujer había preparado. La arrojó al agua que ella había puesto a hervir al fuego y usó esto como medicina para curar a la mujer. La aplicó por todo su cuerpo, y pronto, la mujer dejó de gritar y se curó. Fue entonces cuando se convirtió en una mujer de verdad. Se convirtió en la esposa de Watakame'. Fueron muy felices juntos y tuvieron muchos hijos. Y la gente de este mundo son los descendientes de Watakame' y su esposa.

Yomumuli y el árbol parlante (yoreme/ yaquis, México)

Esta leyenda yaqui combina el mito de la creación del mundo con los sentimientos de los yaquis sobre la Conquista Española, un hecho histórico que trajo mucho sufrimiento y desplazamiento para los yaquis durante la época colonial y, más adelante, por parte del gobierno del México independiente. El pueblo yaqui vive en el estado de Sonora, en el noroeste de México, y en el suroeste de los Estados Unidos. Preservan muchas versiones del presente mito, pero todas ellas se centran en el pueblo de los pequeños surem *y en el árbol cantante o la vara que predice el futuro.*

Hubo una época en la que no existían humanos como los que existen hoy en día. El mundo era tal y como Yomumuli lo había creado. Creó animales para que vivieran en la tierra y pájaros para que vivieran en el cielo y peces para que vivieran en las aguas, pero en vez de crear humanos altos, creó a los *surem*. Los *surem* eran un pueblo pequeño, tal vez de solo entre 60 y 90 cm de alto, los cuales vivían bastante felices en su aldea.

En el centro de la aldea había un árbol grande. Un día, el árbol comenzó a canturrear. Canturreaba y vibraba, y a veces mecía sus ramas suavemente. Los *surem* se reunieron en torno al árbol, preguntándose qué era lo que estaba haciendo esos sonidos. Ciertamente debía haber una razón, pensaban, pero no eran capaces de entender qué era lo que el árbol les estaba diciendo.

El jefe de los *surem* le dirigió la palabra al árbol.

—Oh árbol —le dijo, —queremos entenderte. ¿Qué es lo que dices?

Pero el árbol no alteró su manera de hablar. Simplemente siguió alzándose bajo el cielo, canturreando.

Los *surem* intentaron entender al árbol y hablar con él muchas veces, pero nada cambió hasta que un día Yomumuli llegó a su aldea y les dijo:

—Entiendo lo que el árbol está diciendo, y se lo contaré si me escuchan.

—Esto es lo que el árbol dice —les informó Yomumuli. —Está diciéndole a los animales como tienen que vivir. Dice que algunos animales tienen que comer plantas. Otros tienen que comerse a otros animales y pájaros. Le está contando a las aguas lo que deben hacer, que los arroyos y ríos deben fluir cuesta abajo hacia los lagos y hacia el mar.

—¡Oh! —dijeron los *surem*. —Esas son palabras sabias. ¿Dice algo el árbol sobre lo que será de nosotros?

—Sí —dijo Yomumuli, —pero deben creer en que lo que les digo es real, aunque no les guste oírlo.

—Díganoslo, de todos modos —dijeron los *surem*. —Le creeremos.

—El árbol dice que el mundo va a cambiar. Vendrán personas extrañas desde muy lejos. Traerán muchas armas. Les quitarán sus tierras y les obligarán a vivir según sus leyes. Les harán adorar a su dios. Tendrán muchas cosas hechas de metal y muchas casas hechas de piedra.

—¡Eso es terrible! —gritaron los *surem*. —Seguro que no existen tales personas en este mundo. Lo más seguro es que no vengan acá. Eso no puede ser lo que está diciendo el árbol.

—Piensen lo que quieran —dijo Yomumuli.

Aunque estaba enojada porque los *surem* no la estaban creyendo, ella creía en lo que el árbol estaba diciendo. Ya no quería estar en la tierra de los *surem*. No quería estar allí cuando las personas extrañas venidas de muy lejos llegaran para conquistarlo todo y hacer que los *surem* adoraran a su dios. Yomumuli se dirigió al río. Se enrolló sobre sí misma y se lo llevó con ella. Yomumuli se puso a caminar hacia el norte, lejos de los *surem*, con el río metido bajo el brazo.

En cuanto a los *surem*, muchos de ellos se escaparon de su aldea. Algunos se fueron a vivir en los ríos y el mar, y los que hicieron esto se transformaron en delfines y ballenas. Algunos se fueron a vivir bajo las colinas del desierto, y los que hicieron esto adoptaron la forma de hormigas. Los *surem* que se quedaron en su aldea se hicieron muy altos, y estos se convirtieron en el pueblo yaqui.

Se dice que, si un yaqui se pierde en las aguas, las ballenas y los delfines les ayudarán a volver a casa. Y que, si un yaqui se pierde en las colinas del desierto, los *surem* también le ayudarán a llegar a ella.

Cómo se Creó el Mar (cabécares, Costa Rica)

Costa Rica es un pequeño país centroamericano con costas tanto en el Océano Pacífico como en el Mar Caribe. Esta realidad geográfica se refleja en el mito cabécar de la creación del mar. La primera forma del mundo fue la de una roca en medio del vacío, alrededor de la cual el dios Sibú, una deidad que los cabécares comparten con sus vecinos de las tribus bribri y boruca, creó el mar al final; y es la presencia de este nuevo mar la que permite al dios Sibú continuar su trabajo de crear un mundo con criaturas en él.

Esta historia también alude a las costumbres funerarias de los cabécares. La arqueóloga Doris Stone cuenta que cuando alguien de la tribu cabécar fallece, su cuerpo se enrolla con las enormes hojas del bijao (también conocido como bijahua, cachibú de Caracas u hojas de Congo), y que este envoltorio ritual se cubre con una tela llena de espinas para evitar que los animales perturben el descanso del difunto. Solamente cuando no queda nada de él salvo los huesos desprovistos de carne es cuando se recupera el cadáver y se le entierra cerca de la aldea.

Antes de que el mundo fuera creado, solo había una enorme roca en mitad del vacío. Sibú el Creador pensó para sus adentros que debía existir una Tierra con gente que viviera en ella y que probablemente pudiera usar esa roca para crearla. Sibú sabía que esta iba a ser una tarea larga y ardua. Quería contar con alguien que le ayudara con ella. Llamó a una mujer llamada Mar y le pidió que le hiciera llegar un mensaje a Trueno.

—Vete adonde Trueno —le dijo Sibú —y dile que venga a ayudarme. Deseo crear una Tierra con gente en ella, y necesito su ayuda y consejo.

Mar fue adonde Trueno y le dijo que Sibú necesitaba ayuda para crear la Tierra y colocar gente en ella, pero Trueno se negó a acudir. Mar volvió junto a Sibú y le dijo que Trueno no estaba dispuesto a ayudarle.

—Quizá Trueno me ayude si le doy mi vara —dijo Sibú.

Le dio a Mar su vara y le pidió que se la llevara a Trueno.

—Dile que esta es mi vara buena. Puede usarla como ayuda en su viaje hacia aquí para verme.

Mar le llevó la vara a Trueno, pero siguió sin querer ir a ayudar a Sibú.

—Usa tú la vara para tu viaje de vuelta —dijo Trueno, —pero ten cuidado de no colocarla en el lugar equivocado. Nunca la sueltes, ni siquiera por un segundo.

Mar pensó que las instrucciones de Trueno eran muy extrañas, pero trató de obedecerle. Sin embargo, en un momento de su viaje, se dio cuenta de que esta había desaparecido. La buscó por todas partes. Cuando se acercó a una zona de hierbas altas para ver si la vara estaba allí, una serpiente venenosa se le abalanzó de entre la hierba y la mordió. Unos escasos momentos después, Mar estaba muerta.

Sibú se preguntaba qué era lo que estaba causando que Mar se retrasara en volver, así que salió a buscarla. Pronto encontró su cuerpo. La preparó para enterrarla, envolviéndola con hojas de bijao como es debido, pero su cuerpo empezó a agitarse de una forma muy extraña. Sibú colocó una rana encima de la mortaja de Mar para mantenerla en su sitio, pero cuando un insecto pasó por su lado, la rana saltó para atraparlo de un bocado. Su cuerpo se convirtió en el tronco de un gran árbol. Su pelo se transformó en sus hojas. Toda clase de aves de brillantes colores comenzaron a hacer su nido entre las hojas.

El árbol creció y creció y creció. Al final, se hizo tan alto que se abría paso a través del cielo, que era donde vivía Sibú.

—¡Oh! —dijo este. —¡No quiero tener este árbol dentro de mi casa! Tengo que hacer algo con él.

Sibú llamó a algunos pájaros.

—Vayan a lo más alto del árbol y tomen las ramas de arriba del todo. Estírenlas hasta formar un círculo.

Los pájaros se fueron e hicieron lo que ordenó Sibú. Tomaron las ramas de la parte superior del árbol y crearon un círculo con ellas. Cuando el círculo estaba completo, el árbol cayó derribado y se transformó en agua. Los nidos que había en el árbol se convirtieron en tortugas. Las hojas tomaron la forma de cangrejos. Y por todas partes en torno a la roca que estaba en mitad del vacío había agua ahora. Las olas viajaban hacia el borde de la roca y chocaban contra él.

—¡Eso es! —dijo Sibú cuando vio el agua en la que el árbol se había convertido. —Vuelvo a tener mi casa. Y ahora puedo hacer una Tierra y colocar gente en ella, porque ahora tengo un mar con cangrejos y tortugas en él.

Así pues, Sibú creó la Tierra y puso gente sobre ella, pero hasta el día de hoy, la gente sabe que el sonido de las olas que chocan contra la orilla es en realidad el sonido del viento que atraviesa las hojas que se hicieron a partir de los cabellos de Mar.

El País de la Madre Escorpión (misquitos, Nicaragua)

El pueblo misquito vive en la costa caribeña de Nicaragua, y los españoles contactaron con ellos por primera vez a principios del siglo XVI. Más adelante, muchos de los miembros del pueblo misquito primigenio se casaron con esclavos negros que se escaparon de varias plantaciones caribeñas. Una de las consecuencias de esta mezcla multicultural es que los misquitos hablan varios idiomas: su lengua nativa, español y un criollo de misquito e inglés que surgió del contacto de este pueblo con los comerciantes británicos.

Esta leyenda sobre el país de la Madre Escorpión nos proporciona una visión acerca de las creencias de los misquitos sobre la vida después de la muerte, y sobre el vínculo amoroso entre marido y mujer.

Había una vez un hombre llamado Nakili que tenía una esposa llamada Kati. Ambos se amaban profundamente, y durante un tiempo, vivieron felices juntos. Sin embargo, un día Kati cayó gravemente enferma. Nakili la cuidó tan tiernamente como pudo y le dio las mejores medicinas que pudo encontrar, pero todo fue en vano. Unos días después, Kati murió.

Nakili iba a visitar la tumba de Kati todos los días. Se sentaba junto a ella, llorando gran cantidad de lágrimas amargas y guardando luto por ella. Se olvidó de su trabajo y de su propio cuerpo. Un día, llegó a la tumba y vio el espíritu de su esposa muerta sobre esta, flotando en el aire.

—Me voy a marchar al país de la Madre Escorpión —dijo el espíritu.

—¡Oh, por favor, por favor; llévame contigo! —gritó Nakili. —¡No me dejes aquí tan solo!

—No puedes venirte conmigo —dijo el espíritu de Kati. —El país de la Madre Escorpión es el lugar donde deben estar las sombras de los muertos. Tú todavía estás vivo. Debes quedarte aquí, en la Tierra.

Nakili siguió rogando y suplicándole que le permitiera partir con ella, por lo que al final Kati aceptó.

—Sígueme — le dijo mientras se ponía en camino por la senda que conducía al país de la Madre Escorpión.

Después de caminar durante un trecho, llegaron a un lugar donde había muchas polillas revoloteando por el aire. Este estaba tan lleno de estas pequeñas criaturas voladoras que era imposible ver lo que había tras ellas.

—¡Oh! —gritó Kati. —¡No me gusta este lugar! Me dan miedo las polillas. No quiero tener que caminar a través de ellas.

—No tengas miedo —le dijo Nakili. —Abriré un camino para que podamos pasar. Quédate cerca de mí.

Y así, Nakili se abrió paso entre la multitud de polillas con Kati muy cerca de él a su lado. Nakili agitó sus brazos para espantar a las polillas, y pronto, marido y mujer habían pasado sanos y salvos al otro lado, donde ya no había polillas.

Caminaron un poco más hasta llegar a un lugar donde dos grandes árboles crecían uno junto al otro en mitad del sendero. Los árboles estaban tan juntos que solo Kati podía pasar a través de ellos. Nakili tuvo que darles la vuelta.

Poco después llegaron a un desfiladero. En el fondo de este había un lago de agua hirviendo, y la única manera de cruzarlo era a través de un puente tan estrecho y liviano que parecía estar hecho con un solo cabello. Kati era un espíritu, así que pudo caminar por este puente, pero Nakili sabía que pesaba demasiado para pasar por él. Observó el otro lado del desfiladero desde donde se encontraba y se le ocurrió que quizá podría saltar sobre el hueco que quedaba entre ambos lados. Nakili corrió una buena distancia para darse impulso y dio un gran salto que le llevó al otro lado del desfiladero. Aterrizó sano y salvo en el otro lado, donde su esposa estaba esperándole.

Tras dejar el desfiladero atrás, marido y mujer continuaron su viaje. Caminaron durante mucho tiempo sin encontrar más dificultades. Al final llegaron a un río ancho, el río que fluye a lo largo de la frontera del país de la Madre Escorpión. Nakili y Kati hicieron un alto a la orilla del río y miraron al otro lado. Allí, en el país de la Madre Escorpión, pudieron divisar las almas de los muertos. Todos los que se encontraban de aquel lado parecían estar felices.

Nakili y Kati buscaron la manera de cruzar el río. Encontraron una canoa en un punto del río. En la canoa había cuatro sapos.

—Disculpen —le dijo Nakili a los sapos, —¿serían tan amables de llevarnos al otro lado del río en su canoa?

—Con gusto, —croaron los sapos —pero nuestra canoa no puede cargar con el cuerpo de una persona viva. Su cuerpo es demasiado pesado, y la canoa volcaría.

Así pues, Kati se subió a la canoa y los sapos comenzaron a remar para llevarla hacia la otra orilla, mientras que Nakili atravesó el río nadando a su lado.

Mientras cruzaban, Kati echó una mirada dentro del agua.

—¡Oh! —exclamó. —¡El agua está llena de tiburones! ¡Estoy muy asustada! ¡Van a devorar a mi esposo!

Nakili miró a su alrededor en el agua, pero todo lo que veía eran pececillos.

—No sientas temor —le dijo. —No son tiburones; solo son peces. No me harán daño.

Los sapos miraron por encima de su lado de la canoa y vieron a Nakili nadando entre los pececillos.

—Ah —dijo el sapo jefe, — usted debe ser un hombre bueno, porque si usted hubiera sido malvado, ¡esos peces se habrían convertido en tiburones y se lo habrían engullido de un solo bocado!

Muy pronto, Nakili y la canoa llegaron a la orilla del otro lado del río. Nakili ayudó al espíritu de su esposa a bajar de ella, y les dieron las gracias a los sapos por su ayuda. Cuando marido y mujer quedaron en la orilla y los sapos se hubieron marchado, una mujer muy grande y corpulenta se acercó avanzando a pasos largos adonde estaban Nakili y Kati. La mujer tenía muchos pechos, de los cuales mamaban a veces las almas de los muertos. Se trataba de la Madre Escorpión, y en su país, los espíritus de las personas de bien vivían tras su muerte.

—Bienvenida, mi niña —le dijo la Madre Escorpión a Kati. — Bienvenida a mi país. Aquí no pasarás pesares ni dolor. Siempre tendrás comida de sobra, y no tendrás que trabajar. Estoy encantada de recibirte y de que conozcas al resto de hijos míos que viven acá.

Acto seguido, la Madre Escorpión se giró hacia Nakili y le frunció el ceño, bien enojada.

—Pero tú, en cambio, no eres bienvenido. Aún estás vivo. No puedes estar acá. ¡Vuélvete para la tierra de los vivos, que es adonde perteneces!

—¡Por favor, Madre Escorpión, déjeme quedarme! —le rogó Nakili. —Amo a Kati más que a la vida misma, y no deseo separarme de ella.

Al principio, la Madre Escorpión no quiso escuchar las súplicas de Nakili, pero al final cedió y le dejó quedarse.

Durante un tiempo, Nakili y Kati vivieron muy felices junto a las otras almas, pero un día, Nakili se dio cuenta de que echaba de menos a sus hijos y de que quería volver a verlos.

—Debo partir —le dijo Nakili a Kati. —La Madre Escorpión tenía razón: este no es mi lugar. Pero un día regresaré, y ya no nos separaremos.

Nakili fue adonde la Madre Escorpión y le contó que quería volver a casa para estar con sus hijos. La Madre Escorpión cortó una gran caña de bambú y colocó a Nakili dentro de ella, diciéndole que no debía regresar a su lado hasta el día de su muerte. Tras esto, la Madre Escorpión colocó el bambú en el río, y este se alejó flotando sobre las aguas.

Tras un tiempo, Nakili se dio cuenta de que ya no estaba en el río. Eran las olas las que lo estaban zarandeando. El río había vertido sus aguas en el océano, y ahora, las olas le estaban trasladando a la orilla. Al final, el bambú quedó varado en la playa, y Nakili desembarcó. Miró a su alrededor y vio que se encontraba delante de su propia casa, y que sus hijos salían corriendo a darle la bienvenida.

La Infancia de Sol y Luna (Qne-a tnya-e/ chatinos, México)

El pueblo chatino vive en el estado de Oaxaca, al sur de México. Esta leyenda cuenta cómo llegaron el Sol y la Luna al cielo, y le otorga a la anciana que cuidó al Sol y a la Luna durante su infancia el papel de protectora de los recién nacidos mediante la transformación de la mujer en cenizas mientras tomaba un baño de sudor. Según la escritora Lulú Delacre, los padres chatinos siguen llevando a sus bebés recién nacidos a baños de sudor para que puedan beneficiarse de la protección de la anciana que cuidó a Sol y a Luna cuando estos eran pequeños.

Hubo un tiempo en el que Sol y Luna no viajaban a través del cielo, sino que vivían en la Tierra con la forma de seres humanos. Eran hermanos gemelos, y solían ir juntos a todas partes, tal y como lo hacen los hermanos humanos.

Una noche, el Terror Nocturno se acercó adonde se encontraban los gemelos con la intención de atraparlos y comérselos. El Terror Nocturno odiaba a Sol y Luna porque estaba celoso de ellos. Sol y Luna huyeron del Terror Nocturno. Corrieron hasta que llegaron al río, y una vez allí, se zambulleron en el agua y se escondieron en ella con la esperanza de que el Terror Nocturno no les encontrara. Pero se habían ocultado cerca de la desembocadura del río, y cuando la marea del océano se retiró, el agua del río comenzó a bajar de nivel. El Terror Nocturno estaba casi a punto de hacerse con los gemelos cuando una anciana pasó por su lado.

—¡Ayuda! —gritaron los niños. —¡El Terror Nocturno nos está persiguiendo! ¡Quiere matarnos y comernos!

La anciana se apiadó de los niños. Los sacó del agua y se los metió en la boca, uno en cada carrillo. Su cara quedó enormemente hinchada.

Una vez que los niños quedaron fuera de peligro, la anciana se dirigió de vuelta a su casa. Mientras iba de camino, se encontró con el Terror Nocturno.

—¿Vio usted a dos niños cerca de acá? —le preguntó el Terror Nocturno.

—No, no los vi —contestó la mujer.

Acto seguido, el Terror Nocturno dijo:

—¿Por qué tiene una cabeza tan grande y redonda?

—Porque tengo un dolor de muelas terrible —dijo la mujer. —Hizo que se me hinchara toda la cabeza.

El Terror Nocturno creyó a la mujer y siguió su camino en busca de los niños, sin saber que la anciana le había engañado colocando a los gemelos en sus carrillos.

Cuando la anciana llegó a casa, se sacó a los gemelos de las mejillas. Dado que estos niños parecían no tener familia, la mujer se hizo cargo de ellos personalmente. Los niños eran muy traviesos. La anciana nunca podía terminar de hilar como es debido porque los niños le robaban su huso y enredaban el hilo de la manera más liosa posible. Sin embargo, la anciana tenía mucha paciencia con ellos, y al cabo de un tiempo, los niños comenzaron a ver a la anciana como su madre.

Sol y Luna vivieron felices con la anciana. Crecieron y se convirtieron en muchachos hermosos y fuertes. Comenzaron a fabricarse sus propios arcos y flechas, y cuando hubieron practicado lo suficiente con ellos, se fueron al bosque a cazar para encontrar alimento. Solían capturar palomas con frecuencia, las cuales llevaban a casa para que la anciana las cocinara.

De vez en cuando, la anciana se iba de casa y se adentraba en el bosque. Cuando los gemelos le preguntaron adónde iba, esta siempre les respondía que a visitar a su esposo. Entonces, un buen día, los gemelos le preguntaron:

—Usted es nuestra madre, pero ¿quién es nuestro padre?

—Mi esposo es su padre —les respondió.

—¿Y por qué nunca viene a vernos?

—Oh, porque vive en lo más profundo del bosque. Allí se siente mucho más feliz y seguro —dijo la anciana. —Pero ustedes no deben ir a verle nunca, porque temo que le puedan matar.

Tras esta conversación, los niños sintieron todavía más curiosidad sobre su padre, y así, decidieron que la próxima vez que la anciana fuera a visitarle, la seguirían y verían quién era su padre con sus propios ojos. Muy pronto, la anciana les avisó de que se iba a visitar a su esposo. Les dijo a los niños que se quedaran en casa y se portaran bien.

—Sí, Madre —dijeron los niños.

A pesar de su respuesta, no tenían ninguna intención de quedarse donde estaban. Siguieron a la anciana en secreto a través del bosque, ya que estaban decididos a averiguar quién era su padre.

La mujer se adentró cada vez más y más en la selva, con Sol y Luna siguiendo sus pasos. Los niños iban dejando un rastro de cenizas para poder encontrar su camino de regreso por su cuenta. Tras un largo rato, llegaron a un pequeño claro donde la anciana se detuvo y soltó un grito extraño. Desde su escondite en los arbustos, los niños vieron a un enorme ciervo salir al claro de la selva. La anciana saludó al ciervo y le dio algunas hojas y hierbas que había traído consigo.

En cuanto los niños vieron a la mujer alimentar al ciervo, siguieron el rastro de cenizas de vuelta a la casa. Llegaron antes de la anciana, y fingieron no haber salido de casa en ningún momento.

Unos días más tarde, la anciana les pidió a los niños que cortaran algo de hierba fresca para llevársela a su esposo. Los niños fabricaron una guadaña con un trozo de madera y se dirigieron a una pradera donde había una gran cantidad de hierba larga y verde. Sol tomó la guadaña y la giró con gran fuerza y velocidad. Hizo un corte limpio en la hierba, pero asustó a un conejito que se había escondido en la hierba. El conejo salió saltando de entre la hierba y golpeó a Luna en la cara con tanta fuerza que se le quedó allí marcada la forma del cuerpo del animal. Esta es la razón por la que incluso hoy en día podemos ver la forma de un conejo en la superficie de la Luna.

Al día siguiente, los gemelos decidieron volver al claro de la selva y ver si podían conocer a su padre. Siguieron el rastro de cenizas, y cuando llegaron al claro, le llamaron de la misma forma que habían visto a la anciana hacerlo. Muy pronto, apareció un gran ciervo en el claro.

—No es posible que este sea nuestro padre —le dijo Sol a Luna. —Es una criatura bien fea.

—Sí —le respondió Luna. —Mira esas piernas tan grandes y larguiruchas. Están desproporcionadas.

Los gemelos decidieron matar al ciervo. Le dispararon al corazón con sus flechas, y una vez estuvo muerto, lo despellejaron y le extrajeron los órganos. Reservaron el hígado para llevárselo a casa a la anciana, pero usaron los demás órganos para preparar un guiso llamado *skualyku*. Lo prepararon allí mismo, en el claro, y se lo comieron todo. Acto seguido, tomaron la piel del ciervo, la llenaron de avispas y la cosieron. Dejaron la piel llena de avispas en el piso del claro, de manera que parecía que el ciervo estaba tumbado, durmiendo.

Cuando los niños terminaron de comer y de coser la piel del ciervo, le llevaron el hígado a la anciana. Les agradeció su regalo y lo preparó de comida. Justo estaba a punto de darle un bocado al hígado cuando este gritó y una rana que había cerca de allí comenzó a cantar:

—Estás comiéndote a tu esposo, estás comiéndote a tu esposo.

Cantó esta canción tres veces.

La anciana miró a los niños.

—¿Es eso verdad? ¿Ustedes mataron a mi esposo?

—¡Claro que no! —dijeron los niños. —Las ranas hablan y nunca saben de qué. No debe usted escucharlas.

Pero las sospechas de la anciana no se acallaron. Se encaminó al claro, y allí vio la piel del ciervo en el piso de la selva. Creyó que su esposo tenía flojera, y esto la enojó. La anciana tomó su bastón y empezó a sacudir la piel del ciervo. Lo golpeó con tal fuerza que las costuras se abrieron y cientos de avispas enojadas salieron en tromba. Atacaron a la anciana, llenando su cuerpo de picaduras.

Entre gritos de dolor, la anciana corrió de vuelta a casa. Pasó por el prado donde los niños habían cortado la hierba el otro día. El conejito la llamó a su paso.

—¡Salte al agua! ¡Salte al agua! —gritaba el conejo.

—No, no servirá de nada —dijo la anciana. —Mis hijos tienen que prepararme un baño de sudor.

Cuando la mujer llegó a su casa, los niños vieron que estaba cubierta de picaduras de avispa. Encendieron un enorme fuego y echaron muchas plantas medicinales en él para que generara un humo curativo que le calmara las heridas. La anciana se sentó junto al fuego. Al principio, comenzó a sentirse mejor, pero pronto tuvo demasiado calor.

—Niños, sáquenme del baño de sudor —les dijo.

—No, Madre, no podemos hacerlo —dijeron los niños. —Debes quedarte acá. Así es como te convertirás en la protectora de todos los recién nacidos.

La anciana permaneció en el baño de sudor. Se puso tan caliente que se quemó hasta quedar reducida a cenizas. Cuando vieron que de la anciana apenas quedaba un montón de cenizas, los niños tomaron el bastón de la anciana y un cadejo de hilo que no se había quemado. Acto seguido, dejaron su casa y comenzaron a subir a las colinas.

Mientras subían, Sol se giró adonde estaba Luna y le dijo:

—Me siento muy triste. Nuestra madre tuvo que vivir y morir en un mundo sin luz. Me pregunto qué podemos hacer para honrarla ahora que está muerta.

Luna dijo:

—Ya sé qué podemos hacer. Podemos escalar la montaña más alta que podamos encontrar. Podemos dirigir nuestra luz hacia ella desde allá.

Sol reconoció que era un buen plan, así que comenzaron a subir la montaña más alta que pudieron encontrar. En su ascenso, se encontraron con una gran serpiente con unos ojos brillantes. Los niños la miraron durante un rato, y decidieron matar a la serpiente. Sol golpeó a la serpiente con el bastón. Luna la estranguló con un trozo de hilo. Y cuando la serpiente estuvo muerta, los niños le sacaron los ojos. Luna se quedó el derecho, el más brillante de los dos. Sol se quedó el izquierdo, el de menor brillo.

Los niños caminaron montaña arriba, y arriba, y más arriba. En un momento se encontraron con un árbol hueco que contenía un panal de abejas. Luna tomó un poco de miel y se la comió. Era muy dulce y estaba muy buena, pero le dio muchísima sed. Sol tomó el bastón de la anciana y lo clavó en el suelo. Un manantial de agua brotó donde este colocó el bastón.

—Dame un poco de esa agua a beber —dijo Luna. —Tengo una sed terrible después de comerme toda esa miel.

—No te daré nada de agua si no me cambias tu ojo de serpiente por el que tengo —dijo Sol.

Luna se enojó al ver que Sol era capaz de hacer algo así, ya que quería quedarse el ojo más brillante. Sin embargo, al final se lo cambió a Sol porque no podía soportar su inmensa sed. Es por esto que el Sol es más brillante que la Luna.

Los niños caminaron montaña arriba, y arriba, y arriba, hasta que llegaron a la misma cima de la montaña. Sol tomó el cadejo de hilo y lanzó un extremo hacia el cielo. El hilo creó un camino para que los niños subieran al cielo. Sol ascendió primero porque tenía el ojo de serpiente más brillante y podía ver el camino ante él con mayor facilidad. Luna siguió a Sol con su ojo más apagado. Cuando llegaron a las alturas, comenzaron a viajar por el cielo.

Y así fue como el Sol y la Luna llegaron al cielo, y así fue como la luz llegó a la Tierra.

Los Cazadores Invisibles (misquitos, Nicaragua)

En la leyenda de los cazadores invisibles, tres hombres misquitos aprenden una dura lección sobre la codicia. Este relato admonitorio también lleva la marca del contacto de los misquitos con los europeos, ya que los productos que ofrecen los comerciantes parecen proceder de Europa. Asimismo, los cazadores deben elegir entre sus formas tradicionales de caza con lanza o las armas de fuego modernas, introducidas por los colonizadores europeos.

Había una vez tres hermanos que vivían en la aldea de Ulwas, junto al río Coco. Eran muy buenos cazadores. Nunca volvían de sus batidas de caza sin algo que compartir con el resto de la aldea. Un día decidieron ir a cazar un *wari*, una especie de jabalí que tiene una carne más deliciosa que la de cualquier otro animal de la selva. Los hermanos tomaron sus lanzas y se adentraron en la espesura. Caminaron durante un largo trecho sin lograr ver ningún *wari*.

De pronto, oyeron una voz extraña. "Dar, dar, dar", decía la voz.

—¿Ustedes dijeron eso? —preguntó el hermano mayor.

—No, no dijimos nada — respondieron los otros dos.

Los hermanos esperaron un momento para ver si podían averiguar de qué persona o animal provenía la voz, pero lo único que oyeron fueron los sonidos normales de la selva.

Tan pronto como decidieron proseguir con su cacería, volvieron a oír la voz: "Dar, dar, dar", decía.

—¿Ustedes dijeron eso? —preguntó el hermano más joven.

—No, no dijimos nada —respondieron los otros dos.

Miraron a su alrededor y vieron una liana balanceándose en un árbol cercano. "Dar, dar, dar", decía la liana.

Los tres hermanos se acercaron al árbol donde la liana se mecía. El primer hermano agarró la liana, y de repente, ¡desapareció! El segundo hermano también agarró la liana, y también desapareció. El hermano más joven estaba terriblemente asustado.

—¡Devuélveme a mis hermanos! —le gritó a la liana.

—No me los llevé a ninguna parte —dijo la liana. —Están acá, justo delante de ti. Todo lo que tienen que hacer es soltarme, y entonces podrás volverlos a ver.

Los dos hermanos invisibles soltaron la liana, y de repente, reaparecieron. Los tres hermanos miraron a la liana asombrados.

—¿Quién eres? —le preguntaron.

—Soy el Dar, y todo el que me toca se vuelve invisible a ojos de los demás. Ni los humanos ni los animales podrán verles a ustedes.

Los hermanos reflexionaron sobre lo que el Dar les estaba diciendo.

—Si tomamos un trozo de esta liana —dijo el mayor, —seremos los mejores cazadores del mundo. Podremos acechar a cualquier animal que queramos.

—Sí, —dijo el segundo hermano. —tomemos un trozo de liana cada uno. Hagámoslo ahorita.

Los tres hermanos se abalanzaron sobre la liana, pero esta tomó impulsó para quedar lejos de su alcance y desapareció. Acto seguido, los hermanos oyeron la voz del Dar de nuevo:

—Les dejaré tomarme —dijo, —pero primero me tienen que prometer dos cosas.

—Muy bien —respondieron los hermanos. —Tienes nuestra palabra.

—En primer lugar, ustedes nunca deben vender la carne del *wari*. Deben dársela a aquellos que la necesiten. En segundo lugar, ustedes nunca deben usar armas de fuego para cazar. Solo deben usar sus lanzas.

—Lo prometemos —dijeron los hermanos. —Haremos exactamente lo que nos dijiste.

Dicho esto, el Dar volvió a aparecer y se dejó caer delante de los hermanos. El Dar les permitió cortar a cada uno de ellos un trocito con sus cuchillos. Acto seguido, el resto del Dar se desvaneció y los hermanos reanudaron su caza.

Aquel día cazaron muchos, muchos *waris*. Antes de volver a casa, le devolvieron sus trozos de Dar al árbol donde habían encontrado la liana. Dejaron los trozos sobre una rama del árbol. Tras ello, llevaron los *waris* a la aldea y repartieron la carne entre aquellos que necesitaban comida.

La gente de Ulwas estaba impresionada de ver tantos *waris* abatidos en una sola cacería. Pronto tuvieron los animales despellejados y limpios, y luego los cocinaron y se los comieron en un enorme banquete. Todo el mundo estaba feliz y satisfecho una vez la comida hubo terminado.

Tras el banquete, los ancianos de la aldea llamaron a los hermanos para reunirse con ellos.

—Quisiéramos saber cómo lograron tener tanta suerte en su caza —dijeron. —Nadie hasta hoy trajo tantos *waris* en un solo día.

—Fuimos al bosque de la misma manera que hacemos normalmente —dijo el hermano mayor— y allí oímos una voz. Era el Dar, una liana mágica que vuelve las cosas invisibles. Después de prometerle que solo cazaríamos con lanzas y que repartiríamos la carne, el Dar nos dejó tomar un trocito de su liana a cada uno de nosotros, y así, nos hicimos invisibles para los *waris*. Así es como cazamos tantos.

—¡Ah! —dijeron los ancianos. —Realmente fueron afortunados. La leyenda del Dar es muy, muy antigua. ¡Tuvieron mucha suerte de encontrarlo, pero tengan cuidado y cumplan las promesas que le hicieron!

La fama de los hermanos de Ulwas no tardó en extenderse a lo largo y ancho del río Coco. Un día, un barco lleno de extranjeros llegó a Ulwas. El barco llevaba un cargamento de paño bien tejido y barricas de vino.

—¡Saludos a todos ustedes! —dijeron los extranjeros. —Vinimos de muy lejos para conocer a los famosos cazadores de Ulwas. Hemos venido a cambiar nuestro fino paño y nuestro buen vino por un poco de carne de *wari*.

—No podemos venderles la carne —dijo el segundo hermano. —Nuestra gente la necesita para comer.

—¡Claro, por supuesto! —dijeron los extranjeros. —Solo queremos un trozo que no necesiten.

Los hermanos se apartaron del grupo de extranjeros para hablar sobre lo que les habían dicho.

—Tal vez podamos venderles solo un poco —dijo el hermano mayor.

—No, no debemos hacer eso —dijo el segundo hermano. —Se lo prometimos al Dar. Seguro que se entera de que faltamos a nuestra palabra.

—Sí, se lo prometimos —dijo el hermano más joven, —pero seguro que estos comerciantes también tienen poder, ya que pueden fabricar un paño bien fino y muchos barriles de vino. Puede que sean más poderosos que el Dar.

Los otros hermanos pensaron en lo que les había dicho el más joven, y estuvieron de acuerdo con él. Se fueron adonde los comerciantes e intercambiaron carne de *wari* por paño y vino. Los comerciantes se marcharon de la aldea aparentemente contentos con el intercambio.

Los comerciantes no tardaron mucho en volver con más paños y más vino para intercambiar por carne de *wari*. Hicieron esto muchas veces, realizando intercambios cada vez más grandes, hasta que los hermanos se dieron cuenta de que estaban comerciando demasiado. En poco tiempo no tendrían carne suficiente para alimentar a su gente.

Un día, los comerciantes llegaron con más mercancías para intercambiar. Los tres hermanos se reunieron con ellos en la orilla del río.

—No podemos seguir comerciando con ustedes —dijo el hermano mayor. —No tenemos carne suficiente para alimentar a nuestra gente.

—Eso es porque ustedes solo cazan con lanzas. —dijeron los comerciantes. —Si usaran armas de fuego, podrían matar a más *waris* con mayor rapidez, y tendrían lo suficiente tanto para alimentar a su aldea como para intercambiar con nosotros.

Los hermanos decidieron que lo que habían dicho los comerciantes era acertado. Les compraron escopetas y las usaron para cazar en la selva. Con las escopetas, podían matar los *waris* suficientes como para satisfacer a los comerciantes y para alimentar a su gente. Y los hermanos ya no se acordaron más de las promesas que le hicieron al Dar.

Los comerciantes volvían una y otra vez. Siempre traían ricos productos para intercambiar por carne de *wari*. Los hermanos tomaban con avaricia cualquier cosa que trajeran los comerciantes. Pronto se dieron cuenta de que no había carne suficiente como para satisfacer ni a los comerciantes ni a la aldea hambrienta.

Los ancianos de la aldea veían lo que los hermanos estaban haciendo, y se preocupaban. Llamaron a los hermanos a su presencia para pedirles cuentas por sus actos:

—Nuestra gente pasa hambre mientras que ustedes se hacen ricos con los productos de los comerciantes.

—Bueno —dijeron los hermanos, —si la gente quiere que les consigamos más carne, quizá debería pagarnos tal y como lo hacen los comerciantes.

Sin embargo, la gente de Ulwas era pobre. No tenían paños finamente tejidos. No tenían barricas de vino. No tenían dinero para intercambiar por la carne.

Un día, los hermanos volvieron de la caza y se encontraron a la gente de la aldea esperándoles al final del sendero.

—Dennos la carne —les dijeron los aldeanos.

—Páguennos por ella, pues —les dijeron los hermanos.

—No podemos pagarles —les dijo la gente. —Somos aldeanos pobres.

Los hermanos les dieron a los aldeanos las partes malas de la carne que sabían que los comerciantes no se iban a llevar. La gente se enojó mucho por esto, pero los hermanos simplemente se rieron de ellos y se marcharon a hacer negocios.

Durante muchos meses, los hermanos continuaron cazando con escopetas y vendiendo sus presas a los comerciantes. La gente de la aldea pasaba cada vez más hambre porque los hermanos no querían compartir el fruto de su caza con ellos.

Un día, los hermanos volvieron de su cacería con una enorme cantidad de *waris*. Sin embargo, en cuanto llegaron a la entrada de la aldea, la gente allí reunida no se les acercó corriendo para implorarles algo de comida. En vez de ello, todos gritaron y huyeron despavoridos porque solo veían una fila de *waris* muertos flotando en el aire sin que nadie los sujetara. Los ancianos oyeron el tumulto y fueron a ver cuál era el problema.

—¡Ah! —dijeron. —El Dar volvió invisibles a los cazadores.

Los hermanos se detuvieron en seco cuando vieron que la gente se alejaba corriendo de su lado y se miraron los unos a los otros. No podían ver otra cosa que los *waris* muertos flotando en el aire.

—¿Qué pasó? —preguntó el hermano mayor.

—Dejamos nuestros trozos de Dar en el árbol, justo como hacemos siempre —dijo el segundo.

—¡Y aun así seguimos siendo invisibles! —dijo el más joven. —Oh, esto es malo; muy malo.

Dejaron caer los *waris* muertos en el sendero, corrieron donde estaba el árbol del Dar y se arrodillaron ante él.

—¿Qué nos pasó? —gritaron. —¿Por qué seguimos siendo invisibles?

No importaba cuánto pidieran clemencia: el Dar no les contestaba. Lo único que repetía era "Dar, dar, dar, dar" una y otra vez.

—Esto nos lo hicimos a nosotros mismos —dijeron los hermanos. —No cumplimos la promesa que le hicimos al Dar. Fuimos avariciosos y tratamos a nuestra gente de muy malas maneras. Debemos volver a la aldea y rogar a los ancianos y a la gente que nos perdonen.

Los hermanos volvieron a la aldea. Se arrodillaron ante los ancianos y les rogaron su perdón. Sin embargo, los ancianos no les perdonaron por lo que habían hecho. En vez de eso, expulsaron a los cazadores invisibles de la aldea para siempre.

Los cazadores invisibles volvieron a la selva. Caminaron río arriba y río abajo, buscando al Dar y suplicándole que les volviera a hacer visibles. Algunos cuentan que los hermanos siguen vagando por aquellas tierras, ya que los cazadores juran que a veces oyen tres voces lastimeras gritando "Dar, dar, dar".

El Rey de los Pecaríes (bribris, Costa Rica)

Una parte importante de la subsistencia de los indígenas se basa en la caza de los animales y pájaros que habitan cerca de los asentamientos humanos. Esta leyenda del pueblo bribri de Costa Rica nace de la preocupación de cazar animales para comer de manera ética. En este relato admonitorio, el cazador inexperto que termina teniendo un desencuentro con el Rey de los Pecaríes paga un precio, pero solo durante un tiempo: el objetivo del Rey es enseñar y ayudar al cazador a cambiar sus hábitos, no vengarse de él.

Un día, dos cazadores bribris salieron con sus arcos y flechas a ver qué podían capturar para comer. Caminaron en silencio a través de la selva con los arcos preparados por si acaso veían un animal o pájaro. Avanzaron lentamente por el sendero de la selva sin ver nada hasta que uno de ellos divisó un pecarí. Hizo que su flecha atravesara el espacio, pero no había disparado bien. Alcanzó al animal, pero solo logró herirlo. El pecarí se alejó de un salto entre la espesura, y el cazador corrió tras él. El compañero del cazador pronto perdió de vista tanto a su amigo como a su presa. Al final, se cansó de buscarlos y regresó a su casa, pensando que su amigo volvería cuando hubiera atrapado y matado al pecarí.

Sin embargo, el primer cazador no volvió a casa. Siguió el rastro del pecarí, adentrándose en la selva cada vez más, aunque no importaba cómo corriera de rápido: el pecarí corría con mucha mayor rapidez, y al final, lo perdió de vista. El cazador decidió rendirse y abandonar la caza. Mientras estaba descansando y recuperando el resuello antes de volver a casa, un hombre apareció ante él. Este hombre era muy alto y tenía un aspecto señorial. Tenía el pelo negro y vestía con gran elegancia.

—Sígueme —le dijo el hombre largo para acto seguido adentrarse en otra parte de la selva.

El cazador pensó que lo más sensato era seguir a este hombre, ya que parecía muy poderoso. Siguió al hombre alto a través de la selva hasta que llegó a una casa grande.

—Este es mi hogar —dijo el hombre alto. —Entra.

El cazador entró en la casa y vio que estaba construida con esmero y decorada con gran belleza y dotada con muchas hamacas bien tejidas. Sin embargo, lo más sorprendente de la casa es que también estaba llena de animales de todas clases, y cada uno de ellos parecía estar feliz y muy bien cuidado.

—¿Te gustan los animales que tengo en mi casa? —dijo el hombre alto. —Estos son mis súbditos, pues yo soy el Rey de los Pecaríes. Cuando los cazadores hieren a los animales, pero no los matan, los animales vienen a mí para que les cure, o a veces los encuentro por la selva y me los traigo acá. Ahora bien, si no puedo curarlos, lo uso para alimentarme y para dar de comer a mis invitados.

—Escúchame —dijo el Rey, —y escúchame con atención: cuando vas a cazar a la selva, debes llevar a cabo tu cometido muy, pero que muy bien. No está bien dispararle a un animal y dejarlo herido sin matarlo. Debes intentar matar a la bestia de un solo disparo. Esa es la manera correcta de hacer las cosas.

—Eso es lo que haré siempre de ahora en adelante —dijo el cazador. —Antes no sabía cuánto daño estaba haciendo. Voy a cambiar de actitud.

—Eso está muy bien —dijo el Rey. —Ahora, ven acá y toma asiento, y come y bebe. Tuviste un día largo y agotador, y necesitas recuperar fuerzas antes de volver a casa.

El cazador se sentó en el lugar que el Rey había preparado para él y se comió el pecarí al que había herido anteriormente, el cual el Rey había encontrado, matado y cocinado. El Rey sirvió también una buena cerveza de maíz a su invitado.

Cuando la comida terminó, el cazador dijo:

—Te doy las gracias, oh Rey de los Pecaríes, por la comida y por la lección. Intentaré actuar como me pediste y ser un mejor cazador.

—Sé que lo harás —dijo el Rey. —Pero hay un precio que debes pagar por tu error.

Le alargó al cazador un trozo de caña.

—Debes llevarte esto contigo de vuelta a casa y plantarlo delante de tu puerta. No podrás hablar hasta que esta caña haya crecido completamente. Cuando esto pase, debes decirle a toda tu gente lo que te sucedió y darles mis instrucciones para cazar.

El cazador le dio las gracias al Rey una vez más, tomó el trozo de caña y volvió a casa. Hizo todo lo que el Rey de los Pecaríes le había indicado, plantando la caña delante de su puerta. El cazador no pudo hablar hasta que la caña hubo crecido por completo, y cuando esto pasó, le contó a toda la aldea lo que le había sucedido.

Vea más libros escritos por Matt Clayton

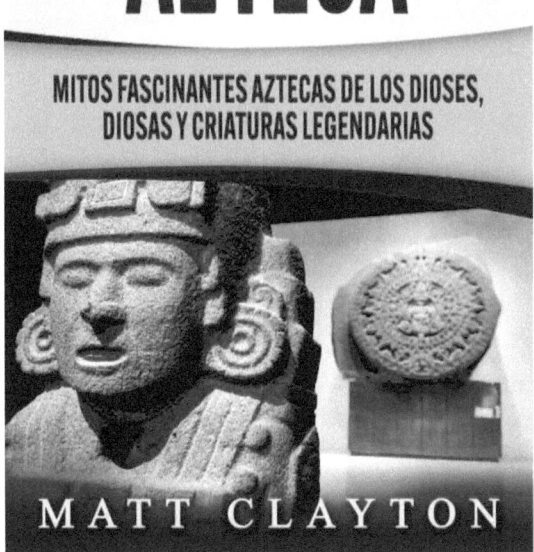

www.ingramcontent.com/pod-product-compliance
Lightning Source LLC
Chambersburg PA
CBHW052043280426
43661CB00085B/103